GILA HOPPENSTEDT

Help Me Find Henri!

CORNELSEN ENGLISH LIBRARY

Cornelsen

Cornelsen English Library

Gila Hoppenstedt · Help Me Find Henri!

Verlagsredaktion
Christine Maxwell

Umschlaggestaltung
hawemannundmosch, Konzeption und Gestaltung, Berlin

Titelbilder
Fotolia/Elena Stepanova
Alamy/SCPhotos

Illustration
Karen Donnelly, Brighton

Gestaltung & technische Umsetzung
Annika Preyhs für Buchgestaltung+, Berlin

Passende Arbeitsblätter und weitere Hilfen zu diesem Titel
gibt es unter: www.cornelsen.de/cel

www.cornelsen.de

1. Auflage, 2. Druck 2020

Alle Drucke dieser Auflage sind inhaltlich unverändert und können
im Unterricht nebeneinander verwendet werden.

Druck: H. Heenemann, Berlin

ISBN 978-3-06-032950-2
ISBN 978-3-06-033042-3 (mit Audio-CD)

PEFC
PEFC/04-31-1156

PEFC zertifiziert
Dieses Produkt stammt aus nachhaltig bewirtschafteten Wäldern und kontrollierten Quellen.

www.pefc.de

Contents

SCENE 1 A new start

Hallo Sascha und Jule, endlich komme ich dazu, euch zu schreiben. Wir sind jetzt schon sechs Wochen hier in Kanada. Und ich vermisse euch immer noch. Ich vermisse Hamburg, Fußballspielen, einfach alles. Papa sagt, das wird noch, Mia. Warte, bis die Schule anfängt. Er hat ja auch seinen Traumjob. Er wollte schon immer als Tierarzt in einem Nationalpark arbeiten. Mama ist auch zufrieden. Sie richtet sich gerade ihr Büro hier im Haus ein. Aber dabei macht sie viel Stress. Unser Haus. Es liegt am Ende der Welt. 15 Meilen von der Stadt entfernt, das sind so 25 Kilometer. Rundherum ist Wald und nur ein paar Häuser. Im Wald wachsen viele Blaubeeren, die besonders Henri lecker findet. In der Nähe ist ein kleiner Fluss. Da kann man Elche beim Trinken beobachten. Wenn es dunkel wird, kommen Waschbären ans Haus. Die sind eigentlich ganz niedlich aber ziemlich frech. Sie kippen die Mülltonnen um. Dabei machen sie komische Geräusche.

Henri findet sie cool. Auch, weil seine Kindergartengruppe „Little Raccoons“ heißt, das heißt kleine Waschbären.

Ach, Henri. Ihr kennt ihn ja. Er ist letzte Woche vier geworden und plappert noch genauso viel, jetzt aber auch auf Englisch, ob er es versteht oder nicht.

There is a knock at the door.

HENRI Hi, Mia. Play with me! Ich will nach Blaubeeren im Wald suchen!

MIA Ja, ich spiele gleich mit dir.

HENRI Das sagst du immer.

MIA Ich komme gleich.

Henri goes away.

HENRI *(outside, singing)*
I'm a little raccoon, prowling around, hunting for my food and making funny sounds.

MUM Henri! That's great!
(singing) I'm a little raccoon, prowling around, hunting for my food and making funny sounds.

HENRI Willst du mitsingen, Mama?

MUM Au ja, Henri. Listen, Mia. We're singing a raccoon song!

HENRI AND MUM *(together)*
I'm a little raccoon, prowling around, hunting for my food and making funny sounds.

Mama findet es immer super, wenn Henri seine Kindergartenlieder vorführt. Und ständig versucht sie auch mit mir Englisch zu sprechen. Das finde ich doof!

Und dann mein erster Schultag. Da ist diese schreckliche Geschichte passiert. Aber von Anfang an:

SCENE 2 At school

Morgens bin ich mit dem Schulbus gefahren. Der ist gelb und holt hier draußen jeden einzelnen Schüler von zu Hause ab. Zwei ältere Jungs und ein kleines Mädchen mit roten Haaren saßen schon drin. Also wohnen die hier ganz in der Nähe. Ich wollte lieber alleine sitzen, aber ich hatte keine Chance. Das kleine Mädchen winkte mit beiden Händen.

LILY Come here! Sit next to me!
Hi, I'm Lily.
MIA Hi, I'm Mia.
LILY You're new, aren't you?
MIA Yes, I'm new.
LILY It's your first day at school, isn't it?

MIA Yes, it's my first day at school.

LILY How old are you?

MIA I'm twelve years old.

LILY I'm seven. My brother Taylor is fourteen. That's Taylor over there.

Lily zeigt auf einen der beiden Jungen. Er war ziemlich dick, na ja. Er hatte auch rote Haare und Kopfhörer im Ohr. Die hätte ich auch gern, aber Mama sagt, ich sollte lieber zuhören, was die Leute sagen. Und so musste ich mir eine halbe Stunde das Geplapper von Lily anhören. Und dann die Schule.

At school. The children are all singing the National Anthem.

Zuerst versammeln sich alle Schüler in der Halle und singen die Nationalhymne. Dann begrüßt die Schulleiterin die Schüler.

Dann geht man nicht in seine Klasse, sondern zu seinem Lehrer. Die Lehrer sind super nett und auch die Schüler. Aber es summte nur so um mich herum.

Classroom noises

Ich war völlig k.o. nach der Schule. Weil ich auf dem Rückweg auf keinen Fall neben Lily sitzen wollte, verkroch ich mich in der hinteren Reihe.

In the bus

TAYLOR Is this seat taken?

MIA No. Yes. Uh…no.

Taylor sits down.

TAYLOR Hi, I'm Taylor.

MIA Hi, I'm Mia.

TAYLOR I know. I caught your name this morning.

MIA Sorry, I don't understand.

TAYLOR My little sister, Lily, told me. *(imitiert Lily)* She's new. Her name is Mia and she's twelve years old and …

They both laugh.

TAYLOR Where are you from?

MIA I'm from Germany.

TAYLOR Hey, that's great! My grandfather is from Germany. *(with Canadian accent)* Guten Tag. Wie geht es dir?

MIA *(laughs)* Mir geht es gut. I'm fine.

TAYLOR Do you have any brothers or sisters?

MIA I have a little brother. His name is Henri and he's four.

TAYLOR What do you do in your free time?

MIA *(zaghaft)* In my … free time?

TAYLOR After school.

MIA Nach der Schule … after school? At home in Germany I played …

Fußball, mir fiel doch echt nicht ein, was Fußball heißt. Ich weiß, Football heißt in Kanada „American Football". Ich zeigte auf meinen Fuß und machte eine Abschussbewegung. Dann fiel es mir doch ein.

TAYLOR AND MIA *(together)* Soccer!

TAYLOR You play soccer? You're a soccer player? That's great!

Alle drehten sich nach mir um. Peinlich. Ich merkte, dass ich rot wurde. Taylor war das auch peinlich.

TAYLOR Sorry.

MIA That's OK.

TAYLOR I'm too fat to play soccer. *(He laughs.)*

So fett ist Taylor nun auch wieder nicht. Irgendwie war er nett und ich traute mich sogar zu fragen, was *er* so macht nach der Schule.

MIA What do you do after school?

TAYLOR I play computer games and I play the keyboard.

MIA I play the guitar, but not very well.

TAYLOR Joe, that boy over there, plays the guitar too.

Taylor zeigte auf einen Jungen schräg vor uns.

Es war der andere Junge von heute morgen. Er hatte längere schwarze Haare, die er immer wieder hinter das Ohr schob. Er trug eine geflochtene Kette mit einem Symbol, das ich nicht erkennen konnte. Als hätte Taylor verstanden, was ich dachte, sagte er:

TAYLOR Joe's mother is Squamish. Do you know about the Squamish? They are a First Nations tribe.

MIA A tribe?

Ich habe es nicht verstanden und habe später Mama gefragt. Tribe heißt Stamm, Indianerstamm. Die Ureinwohner hier in Kanada. Joes Mutter gehört zum Stamm der Squamish.

TAYLOR Joe is a good guy.

Und dann hat Taylor Joe auf die Schulter getippt und mich ihm vorgestellt.

TAYLOR Joe, this is Mia. She's from Germany. And she plays the guitar too!

MIA Oh no, I'm not very good. I'm a beginner. Hello Joe.

JOE Hi Mia, no problem. We can play together one day after school. Taylor is a beginner too.

They all laugh.

Zum ersten Mal habe ich richtig gelacht. Wir tauschten unsere Handynummern aus und ich hatte das Gefühl, dass ich sicherlich viele Freundschaften in Kanada schließen würde. Wenn ich da gewusst hätte, was noch passieren würde an diesem Tag.

Ungefähr zwei Stunden später. Ich hatte es mir auf meinem Sofa gemütlich gemacht, und die Schule und alles waren ganz weit weg. Ich wollte nur noch meine Ruhe und Gitarre spielen.

Henri is playing and singing to himself.

Jetzt fand ich Henris lustiges Geplapper da draußen vor meinem Fenster richtig schön. Bis Mama reingeplatzt kam.

MUM Mia, tut mir leid, dass ich so reinplatze. Ich muss noch mal schnell in die Stadt.

MIA *(still playing the guitar)* OK.

MUM Schaust du nach Henri? Er spielt draußen.

MIA Ich weiß. Ich kann ihn hören.

MUM Aber sieh auch mal nach ihm. Damit er keinen Unsinn macht.

MIA *(angry)* OK!

Mum starts the car and drives away. Outside Henri is counting.

HENRI Mia, come and play with me! Ich will Blaubeeren suchen!

MIA Ja, gleich.

HENRI Mia, hier sind tracks, raccoon tracks!

MIA *(to herself)* Raccoon tracks? Fußspuren von Waschbären? Die sind doch überall.

HENRI Mia! Mia, come!

MIA Ich komme gleich.

HENRI Das sagst du immer nur!

MIA Nein, ich komme gleich. Noch drei Minuten.

Mia continues playing.

MIA OK, ich komme jetzt Henri. Henri! Wo bist du?

Keine Antwort. Warum sagt er nichts? Ich sah aus dem Fenster. Henri war nicht mehr da. Ich rannte raus, um das ganze Haus herum. Dann ging ich noch mal zurück ins Haus, suchte in jedem Raum, in jeder Ecke. Na klar, der hat sich versteckt, dachte ich und rief „Henri! Soll ich dich suchen?“ Aber nichts, kein Ton, gar nichts. Henri war weg. Mein Herz schlug so laut, dass ich es hören konnte. Ich musste Mama anrufen.

Mia dials the number.

This is Andrea Wilke speaking. I'm busy at the moment. Please leave your message after the tone. Thank you.

MIA Oh nein! Papa muss aber da sein.

She dials his number.

This is Dr. Thomas Wilke. I'm not able to take your call at the moment. Please leave a message or try again later. Thank you.

MIA *(to herself)* Oh nein. Henri, wo bist du bloß? Henriiiii! Was soll ich machen?

Vielleicht ist er entführt, dachte ich und wieder konnte ich mein Herz schlagen hören. Ich musste die Polizei rufen. Es dauerte, bis ich die Nummer fand. Aber dann fiel mir ein, Papa hatte gesagt, die Polizei in Kanada heißt Royal Canadian Mounted Police – RCMP und die Nummer hing ganz fett an unserer Pinnwand. Alles an mir zitterte, als ich wählte.

She dials the number.

INSPECTOR British Columbia Police. You're speaking to Inspector Grace.

MIA I'm Mia. Mia Wilke.

INSPECTOR Hello, Mia. What can I do for you?

MIA My little brother is … I can't find my little brother. He is … er … away.

INSPECTOR OK Mia. I understand. Your little brother is missing. How old is he?

MIA He's four.

INSPECTOR And how old are you, Mia?

MIA I'm twelve.

INSPECTOR And where are you calling me from, Mia?

MIA From … from my house. I'm at home.

INSPECTOR And where are your parents?

MIA My father is at work. And my mother … she is … er … not here.

INSPECTOR I understand. Your parents aren't at home. You're alone at home. When did you last see your brother?

MIA Twenty minutes ago? Half an hour? I don't know.

INSPECTOR Come on, Mia. Don't worry. Is there anyone who lives near you who can help you? A neighbour or a friend from school?

MIA A friend from school? Yes! Taylor!

INSPECTOR Who is Taylor? Is he a friend?

MIA No. He's … I met him on the school bus.

INSPECTOR OK, Mia. Please call Taylor and ask him to come and help you. Then call me again. Don't worry, Mia. We'll find your little brother.

MIA Yes. Thank you.

Scene 4 Looking for Henri

Ich rief Taylor an. Gott sei Dank war er zuhause und verstand sofort, dass ich ein Problem hatte. Kurze Zeit später war er da. Und er kam nicht allein. Er hatte Joe mitgebracht. Die beiden waren ganz ruhig, und da wurde ich auch ein bisschen ruhiger. Zuerst sollte ich alles erzählen, von Anfang an.

TAYLOR What happened, Mia? Tell us everything from the beginning.

MIA Well, I was sitting in my room and playing my guitar. Henri was playing outside, under my window. He wanted me to play with him … but I … I didn't go … and suddenly … he was missing.

JOE What was Henri playing, Mia?

MIA What he was playing? Er … he was looking for tracks.

JOE Tracks? What kind of tracks?

MIA Raccoon tracks. He loves raccoons.

Joe sah nachdenklich aus und dann verschwand er nach draußen, dahin, wo ich Henri das letzte Mal gesehen hatte. Taylor wollte ein Foto von Henri sehen. Er sah es sich lange an und sagte.

TAYLOR He's a cute little boy. He looks like a cheeky little monkey!

Cheeky little monkey? Ich habe das nicht verstanden, aber wahrscheinlich meinte Taylor, dass Henri frech aussieht. Ein frecher, kleiner Affe – ja, so sieht er aus. Und das tat plötzlich weh, als ich das Foto ansah.

MIA Please, Taylor, can you call the police?

Taylor dials the number.

TAYLOR Hello, Inspector Grace. This is Taylor Friedmann speaking. I'm at Mia Wilke's house. Yes, her brother is still missing.

His name is Henri Wilke. No, I don't know him, but I have a photo of him here.

He's been missing for about an hour.

Her parents are still at work. No, they are still not answering their phones.

Please come quickly. It will be dark soon.

The address is 231 Cranbrook Hill Road. The phone numbers? *(to Mia)* Mia, can you give me your parents' phone numbers?

Ich gab Taylor die Nummern. Als er gerade alle Daten weitergegeben hatte, kam Joe herein. Er sah total entschlossen aus und sagte ganz ruhig.

JOE He's in the forest!
MIA In the forest?
TAYLOR In the forest? How do you know that?
JOE Come outside. I'll show you something.

Joe war ganz sicher, dass Henri in den Wald gegangen ist. Aber was hatte er draußen gefunden? Wir rannten alle raus. Joe zeigte auf Fährten von Waschbären, die aus dem Garten in Richtung des Waldes wegführten.

JOE These are raccoon tracks, look! And here are some kid's footprints. Henri followed the tracks into the forest.

Tatsächlich zwischen den Waschbärenspuren fanden sich kleine Fußabdrücke von Kinderschuhen und die führten direkt aus dem Garten in Richtung des Waldes.

MIA He's in the forest! Alone! We have to find him.

TAYLOR Mia, wait a minute. We should wait for the police. It will be dark soon.

JOE Yes, it is getting dark. That's why we should go now. I'll go and look in the forest. You and Mia stay here and wait for the police.

MIA No, I want to come too!

JOE OK. But calm down, Mia. We need a flashlight.

A flashlight? Klar, eine Taschenlampe, das wusste ich. Die fand ich in Mamas Schreibtisch.

MIA OK. Let's go.

JOE See you, Taylor.

TAYLOR See you. Good luck. Viel Glück, Mia!

Joe ging schweigend auf den Wald zu, den Kopf gesenkt. Hin und wieder hielt er an, suchte den Boden ab und weiter ging es – ohne ein Wort! Dabei hätte ich gern gewusst, ob er etwas sieht.

Der Wald wurde immer unheimlicher, einen Weg konnte ich nicht mehr erkennen und die vielen Geräusche machten mich ängstlich. Ich dachte an Henri, wie er da wohl mitten drin und ganz alleine war, und plötzlich wurde ich wieder ganz verzweifelt.

MIA *(crying)* Henri is just a little boy. And he's here all alone. We won't find him here ...

JOE Mia, please stop crying. That's why I wanted to come alone.

MIA Sorry, but I want to do something. I want to call out for him.

JOE *(whispers)* No, you have to be quiet. It's better if we listen for any noise that might be Henri.

Forest noises

JOE *(whispers)* Look here, Mia.

MIA What is it? More footprints?

JOE Closer, Mia. Look here.

MIA Ein Ast … a branch? It's broken.

JOE Yes, a broken branch. And there's a very small piece of cloth on it.

Da endlich sah ich es: ein winziges blaues Stück Stoff von dem gebrochenen Ast. Das war ein Stück von Henris Jeans, ganz sicher.

MIA It's from Henri's jeans, I'm sure!

JOE Yes, and here are some more of his footprints!

MIA *(happily)* Oh yes!

JOE Come on, Mia!

MIA I'm coming!

Irgendwie war da plötzlich was anderes: ich hatte Vertrauen zu Joe. Wir hatten echte Spuren, und ich spürte, es geht voran. Aber dann …

Sound of rain

MIA It's raining!

The rain is now heavier.

JOE Yes, just a shower.

MIA No problem!

Ich zog mir die Jacke über den Kopf. Aber Joe sah das anders.

JOE No, I'm sorry, Mia. We do have a problem. The rain is washing the footprints away.

The rain stops.

MIA But we …

JOE We have to go back.

Daran hatte ich nicht gedacht. Der Regen würde alle Fußspuren fortwischen.

JOE We have to go back. It'll be dark in a minute. Come on, Mia. I'm sure the police are already looking for him.

MIA But … we could help the police. Let's call Taylor.

JOE We can't call Taylor. There's no network out here.

Na klar, kein Netz. Aber ich war noch nicht am Ende. Ich wollte jetzt nicht mehr ohne Henri nach Hause zurückkommen. Wir waren doch kurz vorm Ziel. Irgendwo hier war Henri, das spürte ich. Und plötzlich schoss mir etwas in den Kopf: Blaubeeren! Vielleicht war Henri bei den Blaubeeren?

MIA Blueberries!
JOE Blueberries?
MIA Henri loves blueberries. And my dad … he showed us a place …
JOE I know a place where there are a lot of blueberries, not far from here. Do you think …
MIA Let's go!

Joe wusste, wo es viele Blaubeeren gab. Ich nahm Joes Hand und wir rannten los – oder besser – nach kurzer Zeit stolperte ich hinter ihm her. Es war inzwischen fast dunkel. Joe musste immer wieder anhalten, um sich mit der Taschenlampe zu orientieren.

Plötzlich konnte ich nichts mehr sehen. Ein Heller Schein blendete mich. Wie aus dem Nichts: grelles, weißes Licht. Alles andere verschwand. Ich schloss die Augen.

JOE *(out of breath)* Stop!
MIA What is it?
JOE I can't see anything. They're headlights. Car headlights.

Ein Scheinwerfer, ein Autoscheinwerfer, gerade hatte ich es verstanden, als wir mitten in dem grellen Licht einen

Schatten erkannten. Es war ein Mann, ein großer Mann – mit einem Gewehr. Der Mann kam auf uns zu …

MIA Joe!

JOE It's OK. He's a park ranger. He works in the forest.

RANGER Who are you two?

MIA We … I'm … my brother …

JOE I'm Joe Johnson and this is Mia Wilke.

RANGER Joe and Mia. And what are you doing in the forest in the dark?

JOE Mia's little brother is missing. We're looking for him.

RANGER You're looking for a little boy? Alone in the forest? In the dark? Come with me!

Mit klopfendem Herzen folgten wir dem Mann zu seinem Auto. Als wir aus dem Scheinwerferlicht traten, sahen wir, dass das Auto ein Jeep war. An der Seite stand: BC Parks Ranger. Der Mann war ein Waldhüter. Joe wollte ihm genauer erklären, warum wir hier waren, als der Ranger seine Hand auf meine Schulter legte und die Autotür öffnete.

RANGER Look here, Mia. Look what I found.

Zuerst konnte ich gar nichts erkennen. Dann sah ich auf dem Rücksitz einen kleinen Kopf, tief in einer Decke versteckt. Henri? Es war Henri! Aber was war das? Das ganze Gesicht war dunkelrot – voller Blut? Nein, es war dunkelblau, völlig verschmiert von den Blaubeeren.

MIA Henri! Henri!

Ich riss ihn in meine Arme. Und da bewegte er sich endlich. Er wischte sich mit seinen dreckigen Händen die Augen und sah mich an – das ganze Gesicht voller Blaubeerfarbe.

HENRI *(very sleepily)* Mia, du bist endlich gekommen.

MIA Ja, ich bin endlich gekommen. Es tut mir so leid, Henri.

HENRI Und wer ist das?

MIA Das ist Joe.

HENRI Ist das dein Freund?

MIA Er … ja. Ja, er ist mein Freund.

Dabei wurde ich ganz rot. Aber das hat ja keiner gesehen. Wir fuhren nach Hause. Der Ranger sprach vorne mit Joe und erklärte ihm, wie er Henri gefunden hatte. Ich verstand es nicht und es war mir auch egal.

Ich saß mit Henri im Arm und sagte gar nichts mehr. Ich war nur noch glücklich.

Scene 5 The end

Unser Haus war hell erleuchtet. Papa und Mama waren da, Taylor und zwei Polizisten. Was für eine Begrüßung!

Fast hätte ich nicht bemerkt, dass Joe und Taylor sich auf dem Weg gemacht hatten. Ich rannte hinter ihnen her, gab ihnen die Hand und sagte:

MIA Thank you. I … er … it's …

und brachte nichts mehr raus.

JOE No problem, Mia.

TAYLOR You did a good job, Mia. Gut gemacht! See you at school tomorrow! Bye!

Check your understanding

Do these exercises after you finish reading each scene.

Scene 1

Vervollständige die Sätze.

a Mias Familie ist nach Kanada ausgewandert, weil

____

____

b Sie sind schon seit ____________________ Wochen da.

c Es sind 4 Personen in Mias Familie: ______________,

______________________, ______________________

und ____

d Ihr Vater arbeitet als ____________________________

e In der Nähe von ihrem Haus leben folgende Tiere:

____________________ und ____________________

f Henri ist ______________________________ Jahre alt.

Scene 2

1 Was weißt du schon über Mia?

a She's ______________________ years old.

b She's from ______________________

c She lives in ______________________

d She has one ______________________

e In her free time she ______________________

2 Schreibe über dich.

a I'm ______________________ years old.

b I'm from ______________________

c I live in ______________________

d I have ______________________

e In my free time I ______________________

3 Wie sagt man auf Englisch:

a Tut mir leid, ich verstehe es nicht. (S. 10)

____

b Wo kommst du her? (S. 10)

____

c Hast du Geschwister? (S. 10)

____

d Was machst du in deiner Freizeit? (S. 11)

____

Scene 3

Beantworte die Fragen.

a Wo muss Mias Mutter hin?

____

b Wonach will Henri suchen?

____

c Mia macht 3 Telefonate. Wen ruft sie an?

____

d Wer sollte kommen und Mia helfen?

____

Scene 4

Richtig ✓ oder falsch ✗?

a Taylor and Joe come to Mia's house. ✓

b Joe calls the police.

c Joe thinks that Henri is in the forest.

d Mia and Joe take a guitar to the forest.

e They find a piece of Henri's T-shirt.

f They meet a policeman in the forest.

g Henri is in the ranger's school bus.

When you have finished the book

1 Was ist anders als in Deutschland? Vervollständige die Sätze.

a In Deutschland messen wir Entfernungen in Kilometer.

In Kanada ______________________________

b In Deutschland wartet man an der Bushaltestelle auf den Schulbus.

In Kanada ______________________________

c In Deutschland wird die Nationalhymne in der Schule selten gesungen.

In Kanada ______________________________

d Die Telefonnummer der kanadischen Polizei lautet 911.

In Deutschland ______________________________

2 Male ein Bild von deiner Lieblingsszene.

Vocabulary

A

after ['ɑːftə] nach
twenty minutes ago [ə'gəʊ] vor zwanzig Minuten
alone [ə'ləʊn] allein
already [ɔːl'redi] schon
angry ['æŋgri] verärgert
anyone ['eniwʌn] (irgend) jemand

B

back [bæk] zurück
beginner [bɪ'gɪnə] Anfänger(in)
blueberry ['bluːbəriː] Blaubeere
both [bəʊθ] beide
branch [brɑːntʃ] Ast
broken ['brəʊkən] gebrochen
busy ['bɪzi] beschäftigt

C

(to) **call** [kɔːl] anrufen, Anruf
(to) **call out** [kɔːl aʊt] rufen
(to) **calm down** [kɑːm daʊn] sich beruhigen
(to) **catch** [kætʃ] hören
caught [kɔːt] Vergangenheit von **catch**
cheeky ['tʃiːki] frech
classroom ['klɑːsruːm] Klassenzimmer
cloth [klɒθ] Stoff
(to) **continue** [kən'tɪnjuː] weitermachen
(to) **count** [kaʊnt] zählen
(to) **cry** [kraɪ] weinen
cute [kjuːt] niedlich

D

dark [dɑːk] dunkel
(to) **dial** ['daɪəl] wählen
(to) **disappear** [dɪsə'pɪə] verschwinden
(to) **drive** [draɪv] fahren

E

everything ['evriθɪŋ] alles

F

far [fɑː] weit weg
fat [fæt] dick
(to) **find** [faɪnd] finden
first [fɜːt] erste(r,s)
flashlight ['flæʃlaɪt] Taschenlampe
(to) **follow** ['fɒləʊ] folgen
forest ['fɒrɪst] Wald
found [faʊnd] Vergangenheit von **find**
free time [friː taɪm] Freizeit

G

game [geɪm] Spiel
guitar [gɪ'tɑː] Gitarre
guy [gaɪ] Kerl

H

half an hour [hɑːf ən 'aʊə] eine halbe Stunde
What happened? [wɒt 'hæpənd] Was ist passiert?
headlights ['hedlaɪts] Scheinwerfer
at home [ət həʊm] zu Hause
hunt [hʌnt] suchen

I

inspector [ɪn'spektə] Kommissar

K

knock [nɒk] Klopfen
(to) **know** [nəʊ] kennen, wissen

L

When did you **last** ...? [lɑːst] Wann hast du das letzte Mal ...?
(to) **laugh** [lɑːf] lachen
(to) **leave** [liːv] hinterlassen
Let's go. [lets gəʊ] Lasst uns gehen.
(to) **look for** [lʊk fə] suchen

M

(to) **meet** [miːt] kennenlernen
message ['mesɪdʒ] Nachricht
met [met] Vergangenheit von **meet**
missing ['mɪsɪŋ] weg

N

national anthem ['næʃnəl 'ænθəm] Nationalhymne
neighbour ['neɪbə] Nachbar
network ['netwɜːk] Netzwerk
next to [nekst tuː] neben
noise [nɔɪz] Geräusch

O

outside [aʊt'saɪd] draußen
over there ['əʊvə ðeə] dort drüben

P

parents ['peərənts] Eltern
piece [piːs] Stück
police [pliːs] Polizei
place [pleɪs] Ort
(to) **prowl around** [praʊl ə'raʊnd] (umher)schleichen

Q

quiet ['kwaɪət] still

R

raccoon [rə'kuːn] Waschbär
(to) **rain** [reɪn] regnen
ranger ['reɪndʒə] *in Naturparks usw.* Aufseher(in)

S

seat [siːt] Sitzplatz
See you! [siː ju] Bis bald!
(to) **show** [ʃəʊ] zeigen
shower ['ʃaʊə] Schauer
(to) **sit down** [sɪt daʊn] sich hinsetzen
soccer ['sɒkə] Fußball
soon [suːn] bald
(to) **make a sound** [meɪk ə saʊnd] ein Geräusch machen
Squamish [skwɔːmɪʃ] Squamish
suddenly ['sʌdənli] plötzlich
sure [ʃʊə] sicher

T

(to) **tell** [tel] sagen, erzählen
together [tə'geðə] zusammen
told [təʊld] Vergangenheit von **tell**
track [træk] Fußspur
tribe [traɪb] Stamm

W

(to) **wait** [weɪt] warten
(to) **wash** [wɒʃ] waschen
well [wel] gut
won't [wəʊnt] will not = werden nicht
at **work** [wɜːk] in der Arbeit
Don't **worry.** [dəʊnt 'wʌri] Mach dir keine Sorgen.

Y

not **yet** [jet] noch nicht

Audio-CD Tracklist

1	Copyright	0:44
2	Scene 1	2:38
3	Scene 2	5:33
4	Scene 3	5:24
5	Scene 4	10:35
6	Scene 5	0:46

Sprecher/-innen

Mia = Helena Goebel
Henri = Jan Goebel
Mama = Kim Pfeiffer
Papa = Andreas Goebel
Taylor = Shaunessy Ashdown
Lily = Manon Kahle
Joe = Ian Wood
Inspector/Ranger = Kevin MacAleer
Announcer = Olivia Gruver

Studio

Clarity Studio Berlin

Tontechnik

Pascal Thinius

Regie

Christian Schmitz